LES ÉTRENNES
DU VAUDEVILLE,

OU

LA PIÈCE IMPROMPTU,

FOLIE PARADE EN UN ACTE MÊLÉE DE COUPLETS ;

Par MM. DÉSAUGIERS, GENTIL et FRANCIS.

Représentée pour la première fois sur le Théâtre
du Vaudeville, le 1er. Janvier 1821.

Prix : 1 fr. 50 cent.

A PARIS,

Chez BARBA, LIBRAIRE, AU PALAIS-ROYAL, GALERIE
VITRÉE.

DE L'IMPRIMERIE D'Anth^e. BOUCHER,
SUCCESSEUR DE L.-G. MICHAUD,
RUE DES BONS-ENFANTS, N°. 34.

M. DCCC. XXI.

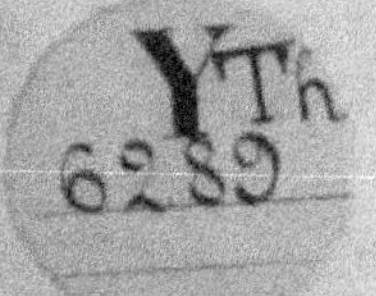

ACTEURS.	PERSONNAGES.
M. LAPORTE. . .	Le Vaudeville, sous le costume d'Arlequin.
M. PHILIPPE. . . .	M. Dulichen, Mme. Desproques, Mlle. La Fiole.
M. SAINT-LÉGÉ. .	Pif.
M. HYPPOLITE. .	Paf. } Boxeurs anglais.
M. GUILLEMIN. .	Pouf.
Mlle. CLARA. . . .	Pierrette, porteuse d'eau auvergnate.
Mlle. VICTORINE.	Diahu, petit roulier.
Mlle. BRAS.	Geneviève, servante d'Arlequin-Vaudeville.
M. FONTENAY. .	Antoine, portier.

Figurants et Figurantes.

———

Le Théâtre représente un Salon élégamment décoré ; une petite Table est à la gauche de l'acteur avec papier, encre et plume ; à la droite est un guéridon ; un tambourin et un triangle sont suspendus à un panneau. Dans le fond est une grande porte laisant voir un jardin, et par laquelle entrent les acteurs déguisés ; la porte donnant sur l'escalier est à la coulisse du fond à gauche ; celle de l'intérieur est à droite.

LES ÉTRENNES

DU VAUDEVILLE.

~~~~~~

SCÈNE PREMIÈRE.

CHOEUR, *sonnant derrière le théâtre*, GENEVIÈVE.

CHOEUR.

AIR : *de Picaros et Diégo.*

Ouvre-nous donc, ma chère Geneviève,
Sonnerons-nous jusqu'à ce soir?
Le jour de l'an de bonne heure on se lève,
Pour donner ou pour recevoir.

GENEVIÈVE, *arrive en mettant son tablier.*

Ceux-là n'méritent pas d'reproches;
Béni soit c'lui qui m'étrenn'ra.

   (*On sonne plus fort.*)

V'là qu'on y va, v'là qu'on y va:
Ces tabliers ont d'ben p'tit's poches.

   (*Elle va ouvrir.*)

CHOEUR, *toujours en dehors.*
Ouvre-nous donc, etc.

SCÈNE II.

GENEVIÈVE, ACTEURS et ACTRICES.

GENEVIÈVE.
Comment! déjà vous, Messieurs et Mesdames?
~~~~~~

ST. LÉGÉ.

Oui, un détachement de la troupe qui vient présenter à son cher Vaudeville ses vœux pour la nouvelle année.

GENEVIÈVE.

Je vous la souhaite bonne et heureuse.

Mlle. CLARA.

Comme la dernière ; nous n'avons pas eu à nous plaindre.

PHILIPPE.

Non ; mais le public ? hein ?

Mlle. VICTORINE.

Le public ? les fréquentes visites qu'il nous a faites nous ont prouvé qu'il ne nous boudait pas.

GUILLEMIN.

Il nous les a quelquefois fait payer cher.

PHILIPPE.

Oh ! parce que... (*Il fait signe de siffler.*) Que veux-tu ?

AIR : *Du verre.*

De l'aveu des plus grands héros
La victoire n'est pas fidèle ;
D'ailleurs tous les jours des bravos
Pourraient ralentir notre zèle :
Le plaisir a plus de douceur
Acheté par un peu de peine ;
Comme le Champagne est meilleur,
Lorsque l'on a bu du Surène.

ST. LÉGÉ.

Eh ! mais, le cher Vaudeville dormirait-il encore ? lui, qui est ordinairement si éveillé.

GENEVIÈVE.

Il vient de sortir pour voir s'il ne rencontrerait pas, chemin faisant, un sujet de pièce pour les étrennes qu'il veut donner au public.

HYPPOLITE.

Comment ! ce n'est pas encore fait ?

GUILLEMIN.

Il faut qu'il compte beaucoup sur nos mémoires.

ST. LÉGÉ.

Oh! il sait qu'en fait de mémoires , nous en avons souvent plus
que nous ne voudrions.

GENEVIÈVE.

Quoique ça le soufflene ne vole pas toujours son argent; mais
soyez tranquilles , il n'aura pas le temps de vous en faire dire
beaucoup.

Mlle. CLARA.

A la bonne heure ; car qu'il y prenne garde.

Air : *du Vaudeville de l'arbre de Vincennes.*

S'il peint le tableau tout entier
De nos travers de l'an dernier ,
De nos querelles politiques ,
De nos culbutes dramatiques ,
De nos intrigues de salon...
  Ça s'ra bien long.   (4 *fois.*)

Mlle. VICTOIRINE.

Oui ; mais...

Même air.

S'il veut dérouler le tableau
De tout ce qu'on a fait de beau ;
Des bienfaits de nos millionnaires ,
De l'esprit de nos Déshoulières ,
De la gaîté de lord Byron...
  Ça n's'ra pas long.   (4 *fois.*)

HYPPOLITE.

Ah! ça, tu es sûre au moins , ma chère Geneviève , que le
patron rentrera.

GENEVIÈVE.

Oui , mais je n'peux pas vous dire l'heure , parce que , voyez-
vous , il cherche le plan d'une pièce , et vous savez qu'on peut
faire bien du chemin dans Paris avant de trouver un bon sujet.

Mlle. CLARA.

Elle a raison... nous voudrions pourtant bien qu'il fût chez lui
ce matin pour recevoir les étrennes que nous devons lui envoyer.

GENEVIÈVE.

Des étrennes ?

ST. LÉGÉ.

Oui.

GENEVIÈVE.

Ah! sans être trop curieuse, qu'est-ce donc que vous allez lui
donner.

HYPPOLITE.

AIR : *Paris est comme autrefois.*

Nous lui donnerons, ma chère,
Un tambourin des meilleurs,
Imité pour mieux lui plaire
De celui des *Vendangeurs.*

Mlle. CLARA.

Un galoubet, dont le ton,
La justesse, la façon
Retrace avec vérité
Celui des *Amours d'été.*

ST. LÉGÉ.

Des sabots dont la plus belle
Parerait son pied mignon,
Et tourné sur le modèle
Du *joli Sabot perdu.*

GUILLEMIN.

Des abonnements nouveaux
A presque tous les journaux,
Pour qu'ils trouvent en tout temps
Nos vaudevilles charmans.

Mlle. VICTORINE.

Une montre des meilleures
Et d'un travail achevé,
Pour que toujours à sept heures,
Notre rideau soit levé.

PHILIPPE.

Au cher Vaudeville enfin,
Contre le public malin
Voulant offrir un appui,
Moi, je lui donne aujourd'hui
Deux battons faits pour *Tibère,*
Qui font du bruit comme dix,
Et qui malgré le parterre
Ont fait réussir *Clovis.*

GENEVIÈVE.

J'réponds qu'il sera sensible à tout ça; mais celui qui lui ap-
porterait une bonne pièce d'étrennes lui ferait bien plus d'plaisir
encore.

PHILIPPE.

Tu crois ?

GENEVIÈVE.

Quand je vous disons que ça serait le plus joli cadeau qu'on
pourrait lui faire.

PHILIPPE, *réfléchissant.*

Il serait plaisant ! eh ! mes amis, quelle idée !

Mlle. CLARA.

Qu'est-ce donc ?

PHILIPPE.

Sortons, je vous le dirai dehors; je connais Geneviève, et comme
il faut le plus grand secret…

GENEVIÈVE.

C'est pour ça que je vous conseille de ne pas vous cacher de
moi, parce que v'là comme je suis; quand je sais tout, je ne dis
rien; mais quand je ne sais rien, je dis tout.

HYPPOLITE.

Tu nous promets donc ?…

GENEVIÈVE.

D'être muette ?

TOUS.

Vrai ?

GENEVIÈVE.

Ma parole.

PHILIPPE.

Eh ! bien, mes amis, voici mon idée.

AIR : *Quand j'étais garde marine.*

Ne pourrions-nous, à sa pièce
Travaillant à son insu,
Lui fournir avec adresse
Quelques scènes impromptu ?…
Changeons d'emploi, de langage,
De costume, de visage,
Et du joyeux compliment
Qu'il veut offrir au parterre,

Tâchons nous-même de faire
L'intrigue et le dénoûment.

TOUS.

C'est charmant.   (*Bis.*)

GUILLEMIN.

Sortons avant qu'il revienne.

TOUS.

C'est charmant.   (*Bis.*)

TOUS.

Moi, je tiens déjà ma scène.

PHILIPPE.

Une fois, tant bien que mal,
Amis, jouons la parade,
Et par cette mascarade
Préludons au carnaval.

TOUS.

Une fois, tant bien que mal, etc.

(*Ils sortent.*)

SCÈNE III.

GENEVIÈVE, *seule.*

(*A la cantonnade.*)

Montez tous au magasin; le costumier doit y être. (*Revenant sur le devant de la scène.*) Je ne savons pas trop ce qu'ils allont faire; mais c'est égal, j'sis ben sûre qu'ils feront de leur mieux, et que s'ils ne réussissent pas, ça ne s'ra pas de leur faute.

SCÈNE IV.

GENEVIÈVE, ANTOINE.

ANTOINE, *en dehors.*

Mamselle Geneviève? mamselle Geneviève?

GENEVIÈVE.

Ah! ah! c'est le portier.

ANTOINE.

Venez vite, s'il vous plaît.

GENEVIÈVE, *courant à la porte.*

Eh! ben, eh! ben, qu'est-ce que c'est donc?

ANTOINE, *chargé de manuscrits.*

C'est moi, mademoiselle, qui en ai plus que j'n'en peux porter.

GENEVIÈVE.

Ah! mon Dieu, que de paquets!

ANTOINE.

C'est les étrennes de Messieurs les auteurs; des pièces de comédie.

GENEVIÈVE.

Mais c'est donc la provision de l'année?

ANTOINE.

Prenez garde, mamselle, ça va tomber. (*Quelques rouleaux tombent.*) Là, quand je vous disais...

GENEVIÈVE.

L'année ne commence pas mal.

ANTOINE.

A c'te heure, Mamsèlle....

AIR : *Vaudeville d'Angélique et Medor.*

Vous ne pouvez pas me r'fuser
En c'beau jour le baiser d'usage,
Avec ça que j'viens de m'raser
Afin d'rajennir mon visage.
Aut' fois j'savais mieux étrenner,
Témoin feu' ma pauv' femme Barbe...
Mais aujourd'hui je n'peux donner
Que l'étrenne de ma barbe.

GENEVIÈVE.

Ça n'est pas de refus, M. Antoine.

ANTOINE, *après avoir embrassé Geneviève.*

En parlant d'ça, mamselle, ça me fait souv'nir que j'ai une cinquantaine de cartes de visit s pour m'sieur Vaudeville.

GENEVIÈVE.

Comment! vous avez déjà eu tant de monde que ça? vous devez avoir le bras joliment fatigué d'avoir tiré le cordon.

ANTOINE.

Je ne l'ai tiré qu'une fois.

GENEVIÈVE.

Bah!

ANTOINE.

Eh! oui donc; c'est le même homme qui m'a apporté tout ça.

GENEVIÈVE.

Tiens!

ANTOINE.

Oui, c'est son état... si vous lisiez les journaux, vous sauriez ça comme moi.

GENEVIÈVE.

Je les lis après mon maître.

ANTOINE.

Et moi avant; t'nez v'là c'que c'est.

Air : *de la Sentinelle.*

Chaq' jour de l'an, il existe à Paris
Une entreprise où trottant à la ronde
Un homm' tout seul se charge pour un prix
D'être poli pour tout le monde.
Grâce à c'commode établiss'ment,
Sans s'déranger, chacun s'acquitte
De la dette du sentiment (*bis*)
A dix centimes par visite.

GENEVIÈVE.

Eh! ben, on peut être bon fils et bon ami à bon marché.

(*On entend le Vaudeville murmurer et frapper des pieds.*

ANTOINE.

V'là m'sieur Vaudeville qui rentre; il paraît en colère.

GENEVIÈVE.

Tâchons de t'nir not' langue sur la comédie qu'ils vont lui jouer.

SCÈNE V.

Les Précédents, LE VAUDEVILLE.

LE VAUDEVILLE.

Diable de pièce! maudite pièce!

ANTOINE, *tendant la main.*

Monsieur, je vous la souhaite bonne et heureuse.

LE VAUDEVILLE, *lui donne un coup de batte.*

Merci.

LE VAUDEVILLE.

AIR : *Flon, flon, flon.*

Morfondu, hors d'haleine,
Je rentre à la maison,
Sans avoir pour étrenne
Pu rencontrer un bon
Flon, flon, flon, laridondaine,
Un gai, gai, gai, laritadondé.

GENEVIÈVE.

Comment ! Monsieur, vous n'avez rien trouvé ?

LE VAUDEVILLE, *avec beaucoup d'humeur.*

J'aimerais bien mieux n'avoir rien trouvé.

AIR : *Aux beaux jours, hélas !*

Ce maudit Paris
Est un lieu de délice,
Tout charme à Paris
Nos goûts et nos esprits.
C'est un paradis
Qui nous met au supplice...
Toujours du plaisir !
Ah ! c'est pour en mourir.

A peine sorti
Tout plein de mon ouvrage,
A mon œil ravi
S'offre un minois fleuri.
Plus loin, bras joli,
Plus loin, gentil corsage,
Plus loin, pied mignon...
Adieu rime et raison.

Ce maudit Paris, etc.

Suivant mon projet,
Ailleurs je m'achemine ;
Un nouvel attrait
Du travail me distrait.

Nougat, diablotin,
Marron glacé, praline,
Biscuit, biscotin
Me barrent le chemin...

D'un autre côté
Vite je me détourne,
Et mon nez flatté
Flaire un met qu'on détourne...
Ah! sangodémi!
C'est un macaroni!
Un macaroni!
Ah! sangodémi!

Ce maudit Paris, etc.

GENEVIÈVE.

Ainsi, vous n'avez rien gagné à sortir?

LE VAUDEVILLE.

Si fait, un assez bon appétit.

GENEVIÈVE.

En ce cas, Monsieur, je vais vous chercher votre déjeuner.

LE VAUDEVILLE.

Je ne te retiens pas.

(*Geneviève sort.*)

SCÈNE VI.

LE VAUDEVILLE , *seul.*

(*Voyant les cartes de visites que Geneviève a mises sur son bureau.*)

Oh! sangodémi! que de visites! Je vois avec plaisir que le Vaudeville a beaucoup d'amis!

Air : *Ah! que de chagrin dans la vie.*

Ma foi commencer la journée
Par un concours aussi nombreux,
C'est pour le reste de l'année
Un présage des plus heureux.
Avec plaisir je reçois les personnes
Qui le matin viennent me voir,
Mais pour des raisons assez bonnes
J'aime encor mieux les visites du soir.

Ah! ça, n'oublions pas que la pièce est pour aujourd'hui ,

et occupons-nous en sans désemparer ; voyons d'abord quel titre nous lui donnerons : Le Premier de janvier..... Je crois pourtant que le Jour de l'An serait plus joli ! ou les Etrennes.... oui les Etrennes, c'est bien plus joli encore, à moins que nous ne l'intitulions... Mais, bah ! le titre ne fait rien au succès, et pourvu que ma pièce soit gaie, spirituelle, amusante et bien jouée.... le principal est de savoir où je ferai passer la scène ; cherchons.

SCÈNE VII.

LE VAUDEVILLE, GENEVIÈVE, *apportant le déjeuner d'Arlequin.*

GENEVIÈVE.

Not' maître, v'là votre déjeuner.

LE VAUDEVILLE.

Geneviève, je vais travailler, je me sens inspiré : va dire en bas de ne laisser venir personne.

GENEVIÈVE.

Oui, M'sieur Vaudeville. (*A part.*) Heureusement, ils sont tous dans la maison !

SCÈNE VIII.

LE VAUDEVILLE, *seul.*

(*Il se verse à boire.*)

Buvons d'abord à ma santé, et, pendant que nous sommes seuls, faisons-nous notre compliment de nouvelle année.

AIR : *Le premier du mois de janvier.*

Je me souhaite tous les ans,
Acteurs, actrices bien portans,
Auteurs de Momus vrais apôtres,
Tous les jours des succès bien francs,
Et tous les mois cent mille francs
Accompagnés de plusieurs autres.

Maintenant, reprenons notre travail.

SCÈNE IX.

LE VAUDEVILLE, PHILIPPE, *déguisé en vieux médecin,*
toussant toujours , sous le nom de M. Dulichen.

DULICHEN.

Hum! hum! hum!

LE VAUDEVILLE.

Diable de portier! voilà déjà un importun.

DULICHEN.

C'est sans doute à l'aimable et joyeux..... hum.... hum.....
Vaudeville.... que j'ai l'honneur.... hum !....

LE VAUDEVILLE.

De parler.... oui, Monsieur; qu'est-ce qu'il y a pour votre
service?

DULICHEN.

C'est au contraire moi, mon cher, qui suis au vôtre; vous
voyez en moi le docteur Dulichen.

LE VAUDEVILLE.

Monsieur....

DULICHEN.

Qui vient vous apporter.... hum !.... hum !.... vos étrennes?

LE VAUDEVILLE.

Monsieur le docteur, je suis très reconnaissant; mais je ne
vois pas à quel titre....

DULICHEN.

Le voici : toutes les maladies me sont familières ; mais je me
suis livré plus particulièrement à la guérison des rhumes. (*Il*
tousse.)

LE VAUDEVILLE, *à part.*

Il fait bien de le dire.

DULICHEN.

Et comme c'est la maladie la plus (*il tousse*) commune au
théâtre, et la plus funeste à vos intérêts.... hum! hum! (*Il*
tousse au nez du Vaudeville.)

LE VAUDEVILLE, *s'essuyant le visage.*

Il est sûr que les rhumes me font essuyer....

DULICHEN.

Bien des contrariétés, n'est-il pas vrai? Eh! bien, mon

cher, permettez-moi de vous offrir quelques boîtes de pastilles de ma composition, et qui joignent à la vertu de guérir les rhumes, celle de fortifier l'estomac.

LE VAUDEVILLE.

J'accepte avec reconnaissance, et j'aurai l'honneur de vous faire ma visite; mais ayant un travail très pressé, permettez-moi....

DULICHEN.

Je ne vous dissimule pas que cette nouvelle découverte m'a rendu (*il tousse*) la coqueluche de tous les théâtres de Paris; mais ma renommée ne se borne pas aux barrières de la capitale, et j'ose dire qu'elle est devenue européenne.

AIR : *Chaque jour mon âme abusée.*

Un des plus grands seigneurs de Prague
Daigna réclamer mon talent ;
Et pour preuve, voici sa bague
Qu'il me laissa par testament.
Plus tard, dans une autre rencontre,
J'eus l'honneur de traiter un lord,
Et pour preuve, voici sa montre
Que je porte depuis sa mort.

(*Il tire sa montre et regarde l'heure.*)

Ah! mon Dieu, déjà midi !

LE VAUDEVILLE.

Un malade vous réclame ? que je ne vous retienne pas.

DULICHEN.

Non, c'est un concert.

LE VAUDEVILLE.

Un concert !

DULICHEN.

Où je fais ma partie.

LE VAUDEVILLE.

En ce cas....

DULICHEN.

Vous savez qu'Apollon est le dieu des beaux-arts comme celui de la médecine?

LE VAUDEVILLE.

Et quel est votre instrument?

DULICHEN, *toussant.*

La quinte, et c'est en qualité de médecin et d'artiste que je me hasarde à vous demander les entrées de votre théâtre.

LE VAUDEVILLE.

Eh! Monsieur, je les ai déjà données à cinq docteurs que je ne vois jamais que dans la salle!

DULICHEN.

Je vous promets d'être souvent dans vos coulisses, très souvent.

LE VAUDEVILLE, *à part.*

Ma foi, c'est un original, il pourra nous amuser quelquefois.

DULICHEN.

Eh! bien?

LE VAUDEVILLE.

Eh! bien, soit.

DULICHEN.

Vous êtes charmant!

LE VAUDEVILLE.

Mais c'est à condition que vous ne négligerez pas mes malades; car je vous préviens que j'en ai toute l'année, et dans ce moment-ci même, j'en ai un qui arrête une pièce nouvelle, et que je vous prie d'aller voir demain matin.

DULICHEN.

Très volontiers; tous mes instants sont à vos malades; vous n'avez qu'à me dire l'heure.

LE VAUDEVILLE.

Mais, vers dix heures.

DULICHEN.

Dix heures? impossible! je ne sors jamais de chez moi avant midi.

LE VAUDEVILLE.

Alors à une heure?

DULICHEN.

A une heure, je déjeune chez Tortoni; après cela vient la lecture des journaux, la chambre des députés, un petit tour de promenade pour gagner de l'appétit, cela me mène au dîner, que je fais le plus souvent en ville, et....

LE VAUDEVILLE.

Eh! bien, dans la soirée?

DULICHEN.

Non; vous savez, mon cher, ce que c'est que les habitudes... l'écarté, le spectacle, un peu de musique, quelques charades en action, et minuit est bientôt arrivé.

Air : *Dans la paix et l'innocence.*

Ainsi que l'on vive ou meure,
Vous êtes si recherché ,
Que l'on ne vous voit qu'à l'heure
Où tout le monde est couché.

DULICHEN.

Oui , l'heure est des plus maussades ,
Mais je ne puis faire mieux.

LE VAUDEVILLE.

Ah ! j'entends....

Vous ne voyez vos malades
Que pour leur fermer les yeux.

DULICHEN.

De l'épigramme ! je vous reconnais là.... « Le Français né malin.... »

LE VAUDEVILLE.

C'est vrai ; mais aussi vous conviendrez, cher docteur, que
vous en prenez trop à votre aise.

DULICHEN.

Mes aises , mes aises avant tout , au physique comme au mo-
ral , moi je ne connais que ça ; c'est au point que je ne vais
jamais au spectacle ou dans les voitures publiques sans me faire
retenir deux places.... Eh! parbleu ! cela me fait penser à une
chose assez désagréable qui m'est arrivée avant hier ; je voulais
aller à Versailles.

LE VAUDEVILLE.

Eh! bien ?

DULICHEN.

Je ne sais comment mon domestique s'est expliqué avec l'en-
trepreneur des parisiennes.

Air : *Le luxe de ce beau danseur.*

Je me flattais en payant doublement,
D'être placé commodément ;
Pas du tout, voyez ma disgrâce.

LE VAUDEVILLE.

N'auriez-vous trouvé qu'une place?

DULICHEN.

J'en avais bien deux en effet.

LE VAUDEVILLE.

Quelle est alors votre mésaventure ?

DULICHEN.

Mais l'une était dans la voiture,
L'autre dans le cabriolet.

Aussi je suis bien décidé à avoir la première fois une parisienne à moi tout seul.

LE VAUDEVILLE.

Une parisienne à vous tout seul ? cela ne serait pas maladroit.

DULICHEN.

Ah ! mais j'oubliais que le temps se passe ; je vous renouvelle mes remerciments pour mes entrées.

LE VAUDEVILLE.

Et mon malade ?

DULICHEN.

Votre malade et mon concert, tout ça marchera de front.

Air : *De la treille de Sincérité.*

Idolâtre
De tout théâtre,
Le vôtre, surtout chaque soir,
Est bien certain de me revoir.

LE VAUDEVILLE.

Voulant pour étrenne au parterre
Offrir quelques riants tableaux,
De la marotte de mon père
Je vais agiter les grelots.

DULICHEN.

Quoique docteur, de la Folie
Comme vous suivant l'étendard,
Moi, je vais faire ma partie
Dans le *Requiem* de Mozart.

LE VAUDEVILLE.

Du théâtre
Étant idolâtre,
Cher docteur, j'aurai chaque soir
Grand plaisir à vous y revoir,
Grand plaisir à vous recevoir.

DULICHEN.

Idolâtre
De tout théâtre,
Le vôtre, surtout dès ce soir,
Est bien certain de me revoir
Puisqu'on veut bien m'y recevoir.

(Dulichen sort.)

SCÈNE X.

LE VAUDEVILLE, *seul.*

Drôle d'original ! mais enfin m'en voilà débarrassé, remettons-nous à l'ouvrage. Geneviève.

SCÈNE XI.

LE VAUDEVILLE, GENEVIÈVE.

GENEVIÈVE.

Monsieur !
LE VAUDEVILLE, *lui indiquant le déjeuner.*
Enlève-moi tout ça, cela me donnerait des distractions ; laisse-moi le flacon, on ne sait pas...
GENEVIÈVE.
Hé bien ! Monsieur, ça avance-t-il ?
LE VAUDEVILLE.
Ah ! bien oui... va-t-en donc dire une bonne fois pour toutes à Antoine que s'il me laisse encore venir quelqu'un, je le mets à la porte.
GENEVIÈVE, *à part.*
Il n'est pourtant pas encore au bout.

ENSEMBLE.

LE VAUDEVILLE, *se remettant à l'ouvrage.*

Où en étais-je ?

(*On entend chanter le refrain :* A l'eau, à l'eau.)

SCÈNE XII.

Les Précédents, Mlle. CLARA , *en porteuse d'eau auvergnate
sous le nom de* PIERRETTE.

PIERRETTE.

AIR : *A l'eau, à l'eau.*

A l'eau, à l'eau,
L'chagrin est un fardeau,
A l'eau ! à l'eau !
Plus lourd qu'mes deux seaux d'eau,
Dix fois plus lourd qu'mes deux seaux d'eau,
Cent fois plus lourd qu'mes deux seaux d'eau.

LE VAUDEVILLE, *impatienté, sans avoir vu Clara.*

Oh ! sangodémi ! sortons, je n'en finirai jamais ici.

GENEVIÈVE.

Ah ! mon dieu ! est-ce qu'il s'en irait ?

LE VAUDEVILLE , *se trouvant face à face avec Mademoiselle
Clara.*

Hé ! hé ! (*Lazzis.*)

GENEVIÈVE.

Qui êtes-vous , ma petite, et que venez-vous faire ici ?

PIERRETTE.

Madame, je suis Pierrette , la sœur du petit Pierre, le por-
teur d'eau de la maison, qui est malade et qui m'a dit comme ça
ce matin : escouta, Pierrette :

AIR : *Ça n'se peut pas.*

De sa fontaine m'sieur Vaud'ville
N'fait pas usage tous les jours ;
Mais quoiqu'ell' n'lui soit guère utile,
Faut aller la remplir toujours.
Pour te récompenser d'tes peines,
Il te f'ra p'têtr' ben un cadeau,
C'est aujourd'hui l'jour des étrennes,
Porte-lui d'l'eau, porte-lui d'l'eau.

LE VAUDEVILLE.

Ah ! il t'a dit que je te donnerais des étrennes !

PIERRETTE.

Oui, Monsieur, il m'a dit ça comme il n'y a qu'un dieu au ciel.

LE VAUDEVILLE.

Eh ! bien, que veux-tu que je te donne ?

PIERRETTE, *riant avec un embarras lourd.*

Ah ! Monsieur, c'est à vostra volouta ; je taxe personna, moi, oui.

LE VAUDEVILLE.

Tu dois avoir déjà reçu quelque chose ?

PIERRETTE.

Les embrachades da touta ma famille, qui est arrivée hier d'Aurillac, exprès pour ça.

LE VAUDEVILLE.

Et tu n'as pas reçu d'autres étrennes ?

PIERRETTE.

Oh ! si j'avais voulu escouta un jeune homme qui me parla pour le mariage, j'en aurais eu de belles ; oui, il m'a apporté ce matin un petit coffre tout plein de belles choses en similor ; mais pas de ça, et comme je lui ai dit :

AIR : *Que voit-on dans vos mélodrames.*

> J'accepterais ce joli coffre
> S'il ne me v'nait que d'l'amitié,
> Mais puisque c'est l'amour qui m'l'offre,
> J'n'en veux que quand j's'rai vot' moitié ;
> J'sais ben qu'entr' futurs qui s'conviennent
> Ça s'donne d'avance à Paris,
> Mais j'somm's moins pressé's dans l'pays,
> N'y a qu'nos maris qui nous étrennent.

GENEVIÈVE, *bas à Pierrette.*

Bien, bien, c'est ça.

LE VAUDEVILLE.

Ah ! tu as un prétendu ?

PIERRETTE.

Oui, Monsieur, le premier garçon de l'entreprise des baignoires à domicile, vous savez ?

GENEVIÈVE.

Oui, oui, des bains qu'on porte dans les rues, tout chauds, tout bouillants, et qui vous arrivent chez vous tout froids.

PIERRETTE.

Ah ! vous pensez à la malice, vous, Madame ; mais quoiqu'ça si vot' bourgeois veut m'en croire, il se donnera une
baignoire comme ça pour ses étrennes.

LE VAUDEVILLE.

Eh ! mon enfant, que veux-tu que j'en fasse ? j'ai souvent
plus de baignoires que je n'en peux remplir.

PIERRETTE.

Oh ! c'est différent, je savais pas, excusez.

(*Elle va nonchalamment à ses seaux en chantant le refrain*
de la bourrée suivante.)

LE VAUDEVILLE.

Ah ! ah! la chanson du pays.

PIERRETTE.

Oh! vous connaissez ça, Monsieur ?

GENEVIÈVE.

Tiens, nous en connaissons bien d'autres.

PIERRETTE.

Elle est bonne, pas vrai ; mais je ne peux pas la chanter
que les pieds ne me brûlent.

LE VAUDEVILLE.

Eh ! bien, ne te gêne pas, ma petite Pierrette.

GENEVIÈVE.

Comment, m'sieur, vous allez la faire danser ici ?

LE VAUDEVILLE.

Pourquoi pas ? ça me mettra peut-être en verve : va, va,
mon enfant.

PIERRETTE.

Oh ! Monsieur, je n'oserai jamais.

LE VAUDEVILLE.

Pourquoi done ?

PIERRETTE, *montrant ses souliers.*

A cause de mes paillettes, voyez-vous.

LE VAUDEVILLE.

Bah ! qu'à cela ne tienne.... attends, attends, je vais te
mettre en train. (*Il prend sa flûte.*) Geneviève, prends le
tambourin, toi.

GENEVIÈVE.

Ça va, not' maître.

PIERRETTE.

C'est que j'en suis toute rouge, quoi!

(*Le Vaudeville joue la ritournelle de la bourrée.*)

AIR : *De la Bourrée d'Auvergne.*

D's étrennes vive l'jour
Maugré qu'il nous vieillisse,
Moi j'voudrais qu'ça puisse,
Etr' chaqu' jour son tour.

TOUS.

D's étrennes vive l'jour, etc.

PIERRETTE.

J'm'en vas chantant, dansant
Tout l'long de c'te journée,
Parc' qu'on fait tout' l'année
C'qu'on a fait l'jour de l'an.

TOUS, *dansant.*

D's étrennes vive l'jour, etc.

GENEVIÈVE.

Ciel! par un jeun' galant
Fais que j'sois étrennée,
Puisqu'on fait tout' l'année
C'qu'on a fait l'jour de l'an.

TOUS.

D's étrennes vive l'jour, etc.

LE VAUDEVILLE.

Chez nous, sexe charmant,
Finissez la journée,
Puisqu'on fait tout' l'année
C'qu'on a fait l'jour de l'an.

TOUS.

D's étrennes vive l'jour
Maugré qu'il nous vieillisse,
Moi, j'voudrais qu'ça puisse
Etr' chaqu' jour son tour.

PIERRETTE, *essoufflée.*

Ah ! v'là c'que c'est.... A c'te heure, il ne me reste plus
qu'à vous remercier et à m'en aller bien vite ; car, voyez-vous !

Air : *Vaudeville du départ pour St.-Malo.*

La rivièr' coul' pour tout le monde,
Ainsi faut qu'chacun ait son tour,
J'nous en allons ach'ver not' ronde,
Et là-d'sses j'vous souhait' ben l'bonjour.
Si l'hasard
Fait qu'à Monsieur Vaud'ville
J'puissions être utile,
Demain ou plus tard
Il pourra me r'trouver sans peine,
Car chaqu' jour on est sûr de m'voir
Sur le bord de la Seine,
Le matin comm' le soir.

Je vous souhaite bien le bon jour.

(*Elle sort.*)

SCÈNE XIII.

LE VAUDEVILLE, ANTOINE.

ANTOINE.

Tiens, par où donc qu'elle a entré celle-là ?

LE VAUDEVILLE, *se retournant et voyant Antoine.*

Eh ! bien ! que me veux-tu encore ?

ANTOINE.

J'viens vous demander s'il faut toujours renvoyer le monde ?

LE VAUDEVILLE.

Toujours... Qu'est-ce qui s'est présenté ?

ANTOINE.

Ah ! dame, ce gros Monsieur qui vient tous les deux jours
vous demander des billets pour sa femme, sa sœur et sa cou-
sine.. J'y ai dit que vous veniez d'sortir.

LE VAUDEVILLE.

Tu as bien fait, va-t-en.

ANTOINE.

Ensuite ce petit auteur qui tombe toujours chez vous à l'heure
du dîner.

LE VAUDEVILLE.

S'il ne tombait qu'à cette heure-là !

ANTOINE.

Je lui ai dit que vous étiez sorti.

LE VAUDEVILLE.

A merveille, mais laisse-moi.

ANTOINE.

Ah ! cette fois-ci, Monsieur est donc content de moi ?

LE VAUDEVILLE.

Oui.

ANTOINE.

Après , il est venu un beau Monsieur avec un laquais derrière , qui portait un superbe pâté d'un bras, et un panier de liqueurs de l'autre.

LE VAUDEVILLE, *avec empressement.*

Eh ! bien , celui-là ?

ANTOINE.

Oh ! celui-là, j'y ai dit qu'vous n'étiez pas rentré , et le panier, le pâté et lui , ils sont tous partis comme ils étaient venus.

LE VAUDEVILLE.

Partis ! (*Le frappant de sa batte.*) Ah ! coquin , ah ! drôle, veux-tu bien vite courir après ?

ANTOINE.

Mais , M'sieur , vous m'aviez dit de ne laisser entrer personne.

LE VAUDEVILLE.

Est-ce qu'un pâté est une personne , imbécille ? va faire tes excuses à ce galant homme et ramène-le moi , ou sangodémi ! (*Il lui donne un coup de pied.*)

ANTOINE.

Bon ! des étrennes de tous les côtés.

SCÈNE XIV.

LE VAUDEVILLE, *seul à son secrétaire.*

Cette petite m'avait mis en gaîté... Il faut que ce nigaud soit venu encore me remuer la bile.. Voyons ; je ne sais plus où j'en étais.

SCÈNE XV.

LE VAUDEVILLE, GENEVIÈVE.

GENEVIÈVE.

M'sieur Vaudeville? M'sieur Vaudeville?

LE VAUDEVILLE.

Allons, le diable s'en mêle.

GENEVIÈVE.

Le diable!.. dites donc trois diables.

LE VAUDEVILLE.

Trois diables !

GENEVIÈVE.

Qui ont forcé la consigne, battu le portier, et qui ont failli...
Oh ! mon Dieu ! les v'là.

(*Elle se sauve.*)

LE VAUDEVILLE.

Oh ! qu'ils sont laids !

SCÈNE XVI.

LE VAUDEVILLE, GUILLEMIN, HYPPOLITE, St.-LÉGÉ, *tous trois en boxeurs anglais, sous les noms de* PIF, PAF, POUF.

TOUS TROIS.

Air : *Vaudeville des boxeurs.*

Fiers et vigoureux athlètes,
Tous les hommes près de nous
Ne sont que des femmelettes
Qui font bien de filer doux,
De véritables squelettes
Qui se brisent sous nos coups,
V'li, v'lan,
Pif, paf, pou,
Par état je tape,
Frappe,
V'li, v'lan,
Pif, paf, pou,
Nous ne vivons qu'en tapant.

LE VAUDEVILLE, *à part.*

Ils me font peur... (*Haut.*) Messieurs, puis-je savoir ce qui me procure l'honneur de votre visite?

PIF.

Le jour de l'an.

LE VAUDEVILLE.

Je suis bien flatté....

POUF.

Nous venons vous donner vos étrennes.

LE VAUDEVILLE.

Je suis bien reconnaissant....

PAF, *lui prenant la main qu'il serre très fort.*

En vous offrant notre protection.

LE VAUDEVILLE.

Je suis bien sensible....

PIF.

AIR : *Sur l'port avec Manon un jour.*

Nous sommes tous les trois exprès,
Débarqués de Londre à Calais,
Après mille et mille prouesses.

POUF.

Vigoureux sur un certain point,
C'est que nous ne plaisantons point.

PAF.

Et nous venons à coups d'pied, à coups d'poing,
Faire à Paris réussir vos pièces.

TOUS.

Oui, nous venons à coups d'pied, à coups d'poing,
Faire à Paris réussir vos pièces.

LE VAUDEVILLE.

Faire réussir mes pièces à coups de poing!

PIF.

N'est-ce pas l'usage depuis quelque temps?

AIR : *Comme il m'aimait* (de Sans-Gêne.)

Les coups de poing   (*bis.*)
Sont les vrais soutiens de la scène,

Sans coups de poing   (*bis.*)
Un auteur ne réussit point.

LE VAUDEVILLE.

D'où je puis conclure sans peine
Que vous m'apportez pour étrenne
Des coups de poing.   (*4 fois.*)

PAF.

Il n'y a que ça.

PIF.

Rien n'y résiste.

Air : *Du partage de la richesse.*

Nous avons parcouru la terre,
Et nous savons que justement ou non,
Au théâtre comme à la guerre,
Le plus fort a toujours raison.

POUF.

L'art de repousser les attaques
Est à la scène un des plus estimés.

LE VAUDEVILLE.

Nous aussi nous aimons les claques,
Mais ce n'est pas à poings fermés.

PAF.

Vous avez tort.

POUF.

Cent fois tort.

PIF.

Mille fois tort, et si vous m'aviez vu dans les grandes occasions !...

PAF.

Et moi donc !

POUF.

Et moi !

PIF.

Air : *Est-ce ma faute ?*

D'applaudir je somme
Le plus mécontent,

Si l'ennui l'assomme,
S'il bâille un instant,
Un coup de poing v'lan
Sait guérir mon homme
De son bâillement
Radicalement.

LE VAUDEVILLE.

Radicalement ?

TOUS LES TROIS.

Radicalement.   (*Bis.*)

PAF.

Tel veut qu'on l'instale
Dans le parlement,
Il crie, il cabale ;
Un vigoureux pan
Guérit à l'instant
L'humeur radicale
De mon aspirant,
Radicalement.

LE VAUDEVILLE.

Radicalement ?

LES TROIS.

Radicalement.   (*Bis.*)

POUF.

Une haute dame
Est dernièrement,
Pour certaine flamme
Mise en jugement,
V'li, v'lan, je fais tant,
Que vite on proclame
Son acquittement
Radicalement.

LE VAUDEVILLE.

Radicalement ?

LES TROIS.

Radicalement.

LE VAUDEVILLE.

Messieurs, vous avez là un talent fort joli, et je vous en fais mon
compliment.

PÁF.

Tout cela n'est rien, et nous avons fait des élèves plus forts que nous.

LE VAUDEVILLE.

Vous faites des élèves ?

PIF.

Londres en fourmille, et bientôt Paris....

LE VAUDEVILLE.

Comment vous venez y établir une école ?

POUF.

D'enseignement mutuel.

LE VAUDEVILLE.

A coups de poing ?

PAF.

Soûs le titre de *Pugilat politico-dramatique.*

PIF.

Avec quelques dispositions naturelles, les progrès sont très rapides, et quand on n'est pas tué au dixième cachet, on peut devenir un sujet très distingué.

LE VAUDEVILLE.

C'est fort engageant, faites-moi le plaisir de me laisser votre adresse.

PIF.

Rue du Battoir.

LE VAUDEVILLE.

Et vos noms ?

PIF.

Pif.

PAF.

Paf.

POUF.

Pouf.

LE VAUDEVILLE, *effrayé.*

Ouf !

LES TROIS.

Air : *De la fricassée.*

Adieu, mon cher, nous vous quittons.

LE VAUDEVILLE.

Adieu, Messieurs, mais sans rancune.

LES TROIS.

Aucune,
Car malgré vous nous reviendrons,
Malgré vous nous vous servirons.
Pour un ouvrage peu fort,
S'il vous fallait un renfort
Bien d'aplomb et bien d'accord,
Comptez sur nos efforts,
J'en réponds corps pour corps.

Adieu, etc.

SCÈNE XVII.

LE VAUDEVILLE, *seul.*

Ces trois colosses-là m'ont mis sens dessus dessous.....Je conçois que ce pauvre Antoine n'ait pas pu leur résister ; mais j'espère que ce sont les dernières visites.... Voyons, toutes mes idées sont brouillées....

SCÈNE XVIII.

LE VAUDEVILLE, PHILIPPE, *déguisé en vieille revendeuse sourde, sous le nom de Madame Defroques.*

Mad. DEFROQUES, *dans la coulisse.*

Eh ! bien, eh ! bien, qu'est-ce que ça veut donc dire ça ? voulez-vous bien finir, Messieurs.... pour qui me prenez-vous ?

LE VAUDEVILLE, *quittant son bureau et jetant sa plume.*

Ah ! c'est une gageure ! et ce coquin d'Antoine est du complot.

Mad. DEFROQUES, *entrant en rajustant son bonnet.*

Oh ! les vilains hommes ! les vilains hommes ! qu'ils sont donc malhonnêtes cette année !

LE VAUDEVILLE.

Que me veut cette vieille sibylle ?

Mad. DEFROQUES, *se jetant dans un fauteuil.*

Je n'en puis plus !.... ils m'ont fait une peur ! et puis ce costume.... peut-on sortir dans cet état-là ?

LE VAUDEVILLE.

Madame, je vous demande bien pardon, mais je n'ai pas l'honneur de vous connaître, et je suis trop occupé pour.....

Mad. DEFROQUES.

Ah ! Monsieur, ça n'est pas de refus : des sels, de l'eau des carmes.... ce que vous aurez sous la main.

LE VAUDEVILLE.

Vieille et sourde, quel paquet ! ah ! sangodémi elle se trouve mal : et vite un flacon, où elle va me rester sur les bras.

(*Il sort précipitamment, et Madame Defroques court à la table, prend la bouteille de vin, s'en verse un verre et le boit au moment où le Vaudeville rentre avec un flacon.*)

LE VAUDEVILLE, *courant au fauteuil où il a laissé Madame Defroques.*

Tenez, tenez, Madame, voilà du vinaigre.... Mais, Dieu me pardonne, elle boit mon vin.

Mad. DEFROQUES.

Excusez, Monsieur, j'avais besoin de ça.... me voilà tout-à-fait remise.

LE VAUDEVILLE.

Allons, faites-moi le plaisir de me laisser seul.

Mad. DEFROQUES.

Je suis sensible à votre politesse, et puisque vous le permettez.... (*Elle se rassied.*)

LE VAUDEVILLE.

J'ai l'honneur de vous dire que je ne puis pas vous entendre aujourd'hui.

Mad. DEFROQUES.

En ce cas, je vais vous dire le sujet qui m'amène. Je m'appelle Madame Defroques, je suis revendeuse à la toilette, et je demeure rue du Hasard, n°. 9.

LE VAUDEVILLE.

Pour la dernière fois, je vous prie de me laisser tranquille, et d'aller débiter votre marchandise ailleurs.

Mad. DEFROQUES.

Oui, Monsieur, maison du tailleur. J'ai la pratique de plusieurs théâtres de Paris.

LE VAUDEVILLE.

Allez au diable, je n'ai besoin de rien dans ce moment.

Mad. DEFROQUES.

Un doliman? non, je n'ai pas ça pour le quart-d'heure; mais, par exemple :

Air : *De Doridas.*

J'puis vous céder la robe de l'*Idiote*
Qui l'autre jour s'laiss' cheoir à Feydeau,
Deux pantalons, un schall, un' redingote
   Du *Déluge* tombé dans l'eau.
De *Don Carlos* j'ai la défroque entière;
Je puis encor vous vendre à prix très bas
L'habit d'hasard du *Flatteur* qu'on n'vit guère,
L'habit tout neuf d'*Charles Six* qu'on n'vit pas.

Allons, mon cher Monsieur Vaudeville, une bonne action pour le jour de l'an, je suis mère de quatorze enfants.

LE VAUDEVILLE.

Ah! ça, Madame, en finirez-vous?

Mad. DEFROQUES.

Non, Monsieur, quatorze, tout autant, dont trois housards, deux dragons, quatre trompettes, deux canonniers, deux sapeurs, et mon petit dernier qui est tambour-major depuis six semaines. Quatorze gaillards comme ça sur les bras, vous m'avouerez que ça pèse.

LE VAUDEVILLE.

Je vois qu'il n'y a qu'un moyen de se faire entendre de cette vieille folle. (*Il se met à écrire précipitamment.*) « Madame, j'ai besoin de travailler, ayez donc la bonté de me laisser seul. » Ah! nous allons voir. (*Il présente d'une manière ironiquement polie, le papier à Madame Defroques.*)

Mad. DEFROQUES.

Excusez, Monsieur, c'est que je ne sais pas lire.

LE VAUDEVILLE.

Oh! pour le coup! Geneviève! Geneviève!

Mad. DEFROQUES.

Mais c'est sans doute la note des objets que vous desirez....

Ma fille de boutique vous les apportera ce matin. J'ai bien l'honneur....

LE VAUDEVILLE , *respirant.*

Ah ! enfin....

Mad. DEFROQUES , *revenant.*

Ah ! Monsieur Vaudeville, si j'osais vous demander encore une grâce.

LE VAUDEVILLE.

C'est trop fort ! Geneviève !

Mad. DEFROQUES.

J'ai été autrefois habilleuse , et si l'occasion de m'employer se présentait chez vous , j'ose croire que vous auriez à vous féliciter de votre acquisition.

AIR : *Avenue immense.* (De M. Doche.)

Je suis, quoique vieille,
Vraiment sans pareille
Dans ce poste-là,
Vive , alerte , exacte ,
Grâce à moi , l'entr'acte
Ne dure pas ça.
Je descends , je grimpe ,   (*Faisant le geste du*
J'arrange une guimpe ,   *doigt sur la dent.*)
J'ajuste une fleur ,
Je chausse , je lace ,
Et comme je place
Le fichu menton !
Lorsque la coquette
Se croit trop replette
Je sais l'amincir ;
Lorsque la soubrette
Se croit trop fluette
Je sais l'épaissir ;
Grâce à la manière
Dont ma main légère
Met roug', noir ou blanc,
De loin tout de suite
Un' grand' bouche est petite,
Un p'tit œil est grand.
Au besoin coiffeuse,
Autant qu'habilleuse,
J'tourne l'tirebouchon ;
Mon adresse extrême
Coiff' les hommes même
Dans l'occasion.
J'dis plus, et je gage
Qu'avec le visage

D'un garçon d'vingt ans,
J'contrefais, j'imite
La min' décrepite
D'un' vieille sans dents;
Et vous, m'sieu Vaud'ville,
Vous que l'plus habile
N'a jamais dupé,
Je vous vois, j'm'en pique,
Par mon art magique,
Le premier trompé.

Je vous en prie, n'oubliez pas mon adresse, ni mes quatorze
enfants, rue du Hasard, n°. 9. Adieu, Monsieur.

SCÈNE XIX.

LE VAUDEVILLE, *seul.*

Faut-il avoir une patience d'ange !

SCÈNE XX.

LE VAUDEVILLE, VICTORINE *sous le nom de* DIAHU, *en blouse de voiturier, une bourriche sous le bras.*

DIAHU, *en dehors.*

Holà ! hé ! Dur-à-cuire, là ! là !

LE VAUDEVILLE.

Ah ! par exemple, Monsieur Antoine !

DIAHU, *entre en chantant.*

(*Apercevant le Vaudeville.*) C'est i vous qu'êtes M'sieur Vaudeville ?

LE VAUDEVILLE.

Oui.

DIAHU.

En c' cas là, v'là une bourriche pour vous.

LE VAUDEVILLE.

Une bourriche pour moi ! donne donc, mon petit ami ?

DIABU.

La v'là , M'sieur ; mais il faut siner sur mon livre.

LE VAUDEVILLE.

Oh ! c'est juste. (*En signant.*) Voilà au moins une visite qui me dédommage un peu des autres. (*A Diabu.*) Combien te faut-il, mon garçon ?

DIABU.

Le port est payé , not' bourgeois ; mais si vous voulez donner pour boire , c'est à votre générosité.

LE VAUDEVILLE.

Laisse-moi voir avant ce que cette bourriche contient.

DIABU.

T'nez , not' maître , v'là z'un eustache pour défaire l'emballage , il est raiguisé à neuf.

LE VAUDEVILLE , *coupant la ficelle.*

Ça ne sent pas les truffes du tout.

DIABU.

Ça vous l'coupe joliment , pas vrai ?

LE VAUDEVILLE.

C'est probablement une poularde. (*Il ouvre la bourriche et en tire de la paille et du papier.*) Ah ! mon Dieu, que d'enveloppes ! c'est donc un poulet ?

DIABU.

Celui-là ne risquait pas d' s'enrhumer en route.

LE VAUDEVILLE , *après ce même jeu.*

Comme ça doit être petit ; c'est donc une mauviette , dis donc, toi ?

DIABU.

Ma fine , not' maître , je ne suis pas dedans.

LE VAUDEVILLE , *après ce même jeu.*

Ah ! je sens quelque chose. (*Sortant trois petits rouleaux de la bourriche.*) C'est une lettre. (*Il lit.*)

« *Du Mans*, 1er. *janvier* 1821.

» Monsieur Vaudeville ,
» Vous recevrez franc de port sous l'enveloppe ordinaire des
» productions de mon pays, un échantillon de mon savoir-faire ;
» n'ayant pas l'esprit très inventif , je me suis amusé à raccour-

» cir nos grands auteurs dramatiques , pour les faire entrer par-
» tout, même à votre théâtre , et vous en trouverez quelques-uns
» ci-inclus et dûment conditionnés. »

Voyons donc ? (*Il tire trois petits livrets.*)

DIABU.

Tiens, c'est comm' des p'tits armonacs !

LE VAUDEVILLE , *il lit sur la couverture des petits manuscrits.*

Iphigénie, refaite en un acte. Ah ! pauvre Gluck ! (*Il lit.*) *L'A-
mant Jaloux* , idem... Pauvre Grétry ! (*Il lit.*) *Le Misanthrope !*
Oh ! pauvre Molière ! Répondez-moi , avortons que vous êtes ?

AIR : *D'un magistrat irréprochable.*

Oseriez-vous, s'ils existaient encore,
Du dieu des arts ces enfants sans rivaux,
Dans leurs écrits, dont la France s'honore,
Porter de coupables ciseaux   (*bis*) ?
Mais vous voulez que leur mémoire meure ;
Non, j'en appelle à la postérité ;
Vous ne pourrez vous survivre d'une heure ;
Respectez donc leur immortalité.

DIABU.

Ah ! mon Dieu ! not' bourgeois, est-ce qu'on rognera aussi les
mélodrames ?

LE VAUDEVILLE.

Il y aurait au moins une espèce de compensation.

DIABU.

Dame! c'est que moi je ne m'amuse qu'au boulevard. C'est là que
j'ai vu... Comment donc qu'il s'appelle ? U... U...

LE VAUDEVILLE.

Golin ?

DIABU.

C'est ça.. Ugolin.

AIR : *De Paris et le village.*

C'est là d'dans qu'on voit un papa
Plein d'un' tendresse sans égale ;

Qui, dans un' tour où c'qu'on l'flanque,
Est prêt à mourir d'la fringale.
L'cher homme, après ben des tourments,
Sur l'sort d's orphelins qu'il va faire,
S'décide à manger ses enfants
Afin d'leux conserver un père.

LE VAUDEVILLE.

Ça doit faire un joli tableau de famille.

DIABU.

Je vous en réponds, allez... Ah ! ça, not' bourgeois, v'là donc toutes les étrennes qu' vous m' donnez...

LE VAUDEVILLE.

Tu me fais penser que tu n'as pas encore eu ton pour-boire. (*Il lui donne une pièce de cinq francs.*)

DIABU.

Ah ! v'là du moins une pièce qui n'est pas rognée (*A son cheval.*) Allons, allons, Dur-à-cuire, en route ; t'nez, not' bourgeois, l'voyez-vous là-bas mon criquet : quinze francs, pas davantage ; tout harnaché, sellé, bridé, et j' dis qu'il m'a joliment r'valu c'qu'il m'a coûté ; vous allez l'voir partir, ça va comme le vent sans q'ça paraisse.

AIR : *Clique et claque.* (Du Coin de Rue.)

Cliqué et claque, l'temps s'écoule,
Pas d'repos dans not' méquier,
Clique et claque, il faut qu'tout roule,
C'est la d'vise du roulier.

LE VAUDEVILLE.

Oui, tout roule sur la terre,
Quand j'ai trop bu, je le vois.

DIABU.

Et m'est avis que l'parterre
Vous roul' ben aussi queuq'fois.

Clique et claque, etc.

SCÈNE XXI.

LE VAUDEVILLE , *seul.*

Ce petit bon-homme est ben gentil , mais ça ne fait pas ma pièce ; ah ! mon Dieu ! déjà trois heures !... je n'ai plus une minute à perdre... Geneviève ?

SCÈNE XXII.

LE VAUDEVILLE , GENEVIÈVE.

GENEVIÈVE.

Monsieur ?

LE VAUDEVILLE.

Va-t-en fermer toutes les portes, tant du jardin que de la petite cour ; car puisque j'ai la clef de la porte cochère , ils ne peuvent être entrés que par-là... mais non , j'aime mieux y aller moi-même, je serai plus sûr de mon fait.

(*Il sort précipitamment.*)

SCÈNE XXIII.

GENEVIÈVE, *seule.*

J'ris du souci, du tintouin qu'il s'donne.

AIR : *La Maison de M. Vautour.*

S'il pouvait s'douter tant seul'ment
Qu' la pièc' qui l'met tant à la gêne
Est déjà près d'son dénoûment ,
Il ne s'donn'rait pas tant de peine ;
Mais si j'en crois c'qu'on dit tout haut,
Ça n's'ra pas l'premier poète
Qui, sans avoir écrit un mot,
Aura trouvé sa pièce faite.

J'l'entends.. vite à la dernière scène. (*Elle sort.*)

SCÈNE XXIV.

LE VAUDEVILLE, *seul avec un paquet de clefs.*

Ah ! j'ai tout fermé, et cette fois-ci, je défierais bien le diable lui-même d'entrer ici sans ma permission. (*On entend des cris et des fanfares dans la coulisse.*) Qu'est-ce que ça ?

SCÈNE XXV ET DERNIÈRE.

LE VAUDEVILLE, PHILIPPE, *sous le costume de Mademoiselle* **LA FIOLE,** *apportant des flacons de vulnéraire et d'eau de Cologne.* Tous les Acteurs, Actrices et Musiciens.

Mlle. DE LA FIOLE.

Messieurs et Mesdames, il n'est point que vous n'ayez entendu parler de Mlle. de La Fiole, seule et unique possesseuse de ce spécifique merveilleux, unique, incomparable, appelé vulgairement vulnéraire, et honoré de l'estime, de la confiance et de la protection de toutes les cours de l'Europe : eh bien ! Messieurs et Mesdames, Mlle. de La Fiole, la voici, et son vulnéraire, le voilà.

LE VAUDEVILLE.

Mais par où sont-ils entrés ?

Mlle. DE LA FIOLE.

Air : *Voilà, voilà la petite laitière.*

Voilà, voilà les meilleures étrennes ;
   Venez tous, venez à ma voix,
Prenez d'mes eaux, elles sont souveraines
   Et n'parlez pas tous à-la-fois.

   Le jour de l'an d'mon prix j'rabats ;
   Si l'Pont-Neuf avait la parole,
   Il vous dirait que j'n'en vends pas

A moins de trente francs la fiole ;
A quinz' sols aujourd'hui l'flacon,
Vous n'payez pas même l'bouchon.

TOUS LES HOMMES.

Air : *De la Cosaque.*

Ah ! donnez-m'en, donnez-m'en, donnez-m'en,
De ce baume salutaire,
Ah ! donnez-m'en, donnez-m'en, donnez-m'en.

Mlle. DE LA FIOLE.

En voilà pour votre argent,
Ayez de mon vulnéraire
Une fiole en poch' ou sous l'bras ;
Sans danger vous pourrez faire
Chute, culbute et faux pas.

LES FEMMES.

Ah ! donnez-m'en, donnez-m'en, donnez-m'en
De ce baume salutaire,
Ah ! donnez-m'en, donnez-m'en, donnez-m'en.

Mlle. DE LA FIOLE.

En voilà pour votre argent.

CHOEUR.

Tenez, prenez votre argent.

LE VAUDEVILLE, *arpentant le théâtre.*

Ah ! quel tourment ! quel tourment ! quel tourment !
N'avoir encor pu rien faire !
Ah ! quel tourment ! quel tourment ! quel tourment !
Peste soit du jour de l'an !

Mlle. DE LA FIOLE.

Il ne me reste plus qu'une fiole, et comme la vente a bien donné, j'en fais cadeau au maître de la maison.

LE VAUDEVILLE.

Va te promener avec tes cadeaux.

Mlle. DE LA FIOLE.

Vous ne savez pas ce que vous refusez.

GENEVIÈVE.

Eh ! bien, moi, j'accepte. (*Elle déroule le flacon et trouve un manuscrit.*) Ah ! not' maître, voyez donc, qu'est-ce que c'est que ça ?

LE VAUDEVILLE, *développant avec précipitation le rouleau.*)

Que vois-je ? (*Il lit.*) *Les Étrennes du Vaudeville.* Oh ! mes amis ! une pièce du jour de l'an. (*A Mlle. de La Fiole.*) Où avez-vous trouvé cela ? voyons vite les personnages... Monsieur Philippe, Dulichen ; Mademoiselle Clara , Pierrette ; Mademoiselle Victorine, Diabu ; Monsieur St.-Léger, Pif ; Monsieur Hyppolite, Paf ; Monsieur Guillemin, Pouf... Comment c'était... toutes ces visites ? Oh ! mes amis ! mes bons amis ! mes excellents amis ! (*Il leur saute au cou.*)

LE VAUDEVILLE.

AIR : *Honneur à la musique.*

Voilà ma pièce faite !
Ah ! pour moi quel bonheur !
Ils ont payé ma dette.

TOUS.

C'est l'étreune du cœur.

LE VAUDEVILLE, *feuilletant la fin de la pièce.*

Eh ! mes amis , le Vaudeville final n'y est pas.

CLARA.

Nous avons voulu vous laisser quelque chose à faire.

LE VAUDEVILLE.

Diable ! Qu'est-ce que je dirai au public ? (*Après avoir réfléchi.*) Ma foi, pourquoi pas ?

(S'avançant sur le bord de la Scène.)

Air : *Que d'établissements nouveaux.*

Je cherchais pour le jour de l'an
Un impromptu qui pût vous plaire,
Mes acteurs ont broché ce plan
D'une étoffe plus que légère ;
Et vous pouvez, s'il vous déplaît,
Rendant notre espérance vaine,
Nous tuer à coups de sifflet,
Mais vous n'en aurez pas l'étrenne.

TOUS.

Bravo ! c'est cela.

(Reprenant les derniers vers.)

Nous tuer à coups de sifflet,
Mais vous n'en n'aurez pas l'étrenne.

FIN.